Made in the USA
Las Vegas, NV
21 September 2023

77910128R00066